BEI GRIN MACHT SICH IHR WISSEN BEZAHLT

Blockchain. Technologie, Anwendung und disruptives Potential

Bibliografische Information der Deutschen Nationalbibliothek:

Die Deutsche Nationalbibliothek verzeichnet diese Publikation in der Deutschen Nationalbibliografie; detaillierte bibliografische Daten sind im Internet über http://dnb.d-nb.de abrufbar.

ISBN: 9783346312990
Dieses Buch ist auch als E-Book erhältlich.

Druck und Bindung: Books on Demand GmbH, Norderstedt Germany
Gedruckt auf säurefreiem Papier aus verantwortungsvollen Quellen

Das vorliegende Werk wurde sorgfältig erarbeitet. Dennoch übernehmen Autoren und Verlag für die Richtigkeit von Angaben, Hinweisen, Links und Ratschlägen sowie eventuelle Druckfehler keine Haftung.

Das Buch bei GRIN: https://www.grin.com/document/963118

FOM Hochschule für Oekonomie & Management

Hochschulzentrum Essen

Berufsbegleitender Studiengang zum

Master of Science, IT-Management

Seminararbeit

über das Thema

Blockchain – Technologie, Anwendung und disruptives Potential

Inhaltsverzeichnis

Abbildungsverzeichnis

Abkürzungsverzeichnis

BTC   Bitcoin

Dapps   Dezentrale Applikationen

DLT   Distributed Ledgers Technology

P2P   Peer-to-Peer

POW   Proof-of-work

SEPA   Single Euro Payment Area

1. Einleitung

1.1 Problemstellung

Kaum jemand vermag 2009 das Potential der im Whitepaper von Satoshi Nakamoto[1] vorgestellten Kryptowährung namens Bitcoin anfänglich erkannt haben. Wahrlich war Bitcoin zunächst nur in Fachkreisen bekannt und wurde nicht weitreichend genutzt. Erst durch exponentielle Kursanstiege insbesondere im Jahre 2017 erlangte Bitcoin zunehmend Aufmerksamkeit in der Bevölkerung: Der Bitcoin fand seinen Weg in den allgemeinen Sprachgebrauch und avancierte auch außerhalb der Fachkreise zur volatilen Wertanlage.

Das 2009 vorgestellte Whitepaper beinhaltete jedoch nicht allein die Kryptowährung Bitcoin, sondern ferner die zugrundeliegende Technologie der Blockchain. Nachdem der Bitcoin allgemeine Bekanntheit erlangt hat, rückt nun die ihm zugrundeliegende Blockchain Technologie in den Fokus von Staaten, Banken und Unternehmen. Die Anwendungsbereiche sowie das Innovationspotential der Blockchain sind so vielfältig wie kontrovers und gehen über den Einsatz von Kryptowährungen hinaus. Diese Arbeit soll zunächst eine grundlegende Erklärung der Blockchain Technologie darstellen, um im weiteren Verlauf mögliche Anwendungsfelder aufzuzeigen, um abschließend zu konstatieren, ob und in welchem Maße die Technologie der Blockchain ein disruptives Potential innehat und welche Chancen und Risiken sich daraus insbesondere im Hinblick auf den Finanzsektor ergeben können. Hierfür wird als Methode dieser theoretischen Arbeit das Literaturstudium gewählt.

1.2 Gang der Untersuchung

Die vorliegende Seminararbeit ist wie folgt aufgebaut: Der Hauptteil der Arbeit ist in zwei Bereiche aufgegliedert. Der erste Teil (Kapitel zwei) beschäftigt sich zunächst mit den Grundlagen der Blockchain Technologie. Im weiteren Verlauf werden Methoden erläutert, mit welchen Ansätze die Blockchain Technologie Probleme wie der Sicherstellung von Verbindlichkeit, Authentizität, Schaffung eines gemeinsamen Konsenses sowie die

---

[1] Der Name Satoshi Nakamoto stellt lediglich ein Pseudonym dar unter dem das Bitcoin Whitepaper veröffentlicht wurde. Die wahre Identität hinter diesem Pseudonym ist nicht zweifelsfrei geklärt. Es ranken sich bis heute verschiedene Thesen wer sich hinter der Bitcoin Technologie verbirgt. Mehr zum Thema vgl. Rosenberger, P., Bitcoin & Blockchain, 2018, S. 32.

Wahrung einer verbindlichen Transaktionsreihenfolge begegnet. Im zweiten Teil der Arbeit (Kapitel 3) sollen zunächst Anwendungsmöglichkeiten der Blockchain Technologie aufgezeigt und neue technologische Möglichkeiten erläutert werden. Darauffolgend wird, unter Fokussierung auf das Distributed Ledgers Konzept, beispielhaft aufgezeigt, welches disruptive Potential die Blockchain Technologie im Finanzsektor aufweist und ferner, welche Chancen sich durch ihren Einsatz ergeben. Im letzten Teil der Arbeit wird abschließend ein Fazit gezogen, sowie ein kurzer Ausblick auf die zukünftige Entwicklung gegeben.

1.3 Zielsetzung

Ziel dieser Seminararbeit soll es sein, herauszufinden, ob und in wie fern die Verwendung der Blockchain Technologie bereits heute ein disruptives Potential außerhalb der Verwendung von Kryptowährungen allein aufweist und welche Chancen und Risiken sich hieraus insbesondere im Finanzsektor ergeben.

2. Technologie der Blockchain

2.1. Grundlagen der Blockchain

Um ein disruptives Potential aufzeigen zu können soll zunächst geklärt werden, in welchem Zusammenhang der Begriff der Disruption in der vorliegenden Arbeit behandelt wird. Im wirtschaftlichen Zusammenhang wird der Begriff der Disruption auf den Harvard-Ökonomen Clayton Christensen zurückgeführt. Er leitet sich aus dem Englischen Wort „disrupt" ab und bedeutet „unterbrechen". Ökonomisch gesehen beschreibt dieser Begriff eine Innovation, die eine bestehende Technologie, eine bestehende Dienstleistung bzw. ein Produkt größtenteils oder ganz von einem Markt verdrängt.[2] Das disruptive Potential der Blockchain Technologie stützt sich im Wesentlichen auf zwei ihr zu Grunde liegende Faktoren: Die Organisation der Akteure in einem dezentralen Netzwerk ohne Intermediäre, sowie der Einsatz kryptologischer Methoden. Im Sprachgebrauch werden die Begriffe Blockchain und Distributed Ledgers Technology (DLT) oftmals synonym verwendet. Distributed Ledgers, also verteilte Register, bilden tatsächlich einen Grundstein der Blockchain Technologie. Sie verwendet eine verteilte Datenbank, bei der die teilnehmenden Akteure zusammenarbeiten um die Validität der gemeinsamen Daten sicherzustellen. Blockchain nutzt die DLT, nicht jede DLT hingegen ist auf einer Blockchain basiert.[3] Vereinfacht dargestellt stellt die Blockchain eine in Blöcken organisierte, dezentrale Datenbank für die Speicherung von Datensätzen dar, die kryptographisch geschützt, global über ein Peer-to-Peer (P2P) Netzwerk ohne den Einsatz von Intermediären verteilt ist, und blockweise irreversibel kryptographisch verkettet ist. Eine kryptographische Signatur stellt sicher, dass neue Transaktionen ausschließlich am Ende der Kette angefügt werden können, nicht jedoch innerhalb einer bestehenden Kette ergänzt oder daraus entfernt werden können. Die dezentrale Struktur wird durch ein verteiltes (Distributed Ledgers) Netzwerk[4] sowie eine Datenredundanz auf allen Systemen und damit verbundener unabhängiger Berechnung der Kette realisiert, die Manipulationssi-

---

[2] Vgl. Wolters, U., Digitale Disruption, 2016, S. 30f.
[3] Vgl. Bolesch, L., Mitschele, A., Potentiale der Blockchain Technologie, 2016, S. 22.
[4] Vgl. Baran, P., Distributed Communication Networks, 1964, S. 1f.

cherheit fördert und die Notwendigkeit einer dazwischengeschalteten Instanz, des soge-
nannten Intermediärs erlässt. Jeder Teilnehmer im P2P Netzwerk verfügt selbst über die
gesamte Blockkette und verfügt über dieselben Rechte neue Blöcke zu kreieren.[5]

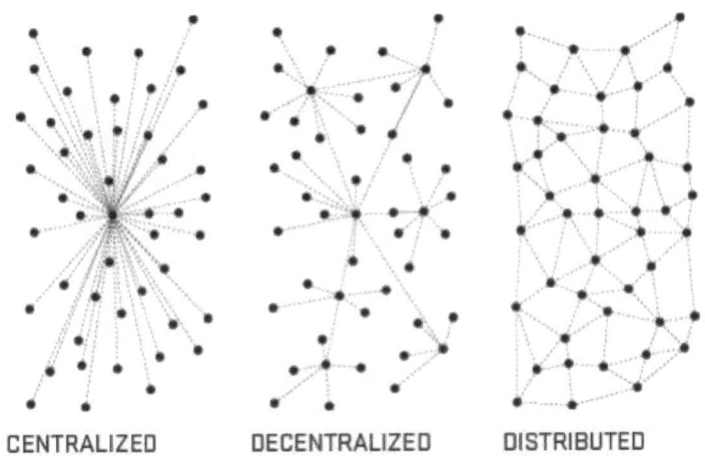

CENTRALIZED   DECENTRALIZED   DISTRIBUTED

Abb. 1: Darstellung einer verteilten Netztopologie
Quelle: Swanson, T., Distributed Ledger Systems, 2015, S. 1.

Die Blockchain erweitert die Datenbank in regelmäßigen Abständen mit neuen Transaktionen, die blockweise am Ende verkettet werden. Somit beinhaltet eine Blockchain die
vollständige Historie chronologisch angeordneter Transaktionen. Die einzelnen Konto-
stände, sowie der aktuelle Systemzustand können nicht ohne weiteres ausgelesen werden,
sondern müssen aus der Transaktionshistorie errechnet werden.[6]

2.2. Distributed Consensus und Double Spending Problem

Die verteilte und redundante Datenstruktur bietet zwar die im vorhergehenden Kapitel
genannten Vorteile, erschafft allerdings auch eine wesentliche Herausforderung: Das Er-
reichen eines gemeinsamen Konsenses innerhalb eines verteilten Netzwerkes, in dem anderen Teilnehmern und Knoten mangels Identifizierung grundsätzlich nicht vertraut werden kann. Ein valides Transaktionssystem kann jedoch nur dann funktionieren, wenn ein

---

[5] Vgl. Roßbach, P., Blockchain-Technologien, 2016, S. 3.
[6] Vgl. Swan, M., Blockchain, 2015, S. 1f.

eben solcher Konsens untereinander getroffen werden kann. Die Annahme eines Grund-satzes nachdem nur die zuerst angemeldeten Transaktionen eines Wertes valide sein dür-fen gestaltet sich in einem P2P Netzwerk aus verschiedenen Gründen als Herausforde-rung: Bereits durch die verteilte Netzstruktur (vgl. Abb. 1) ergibt sich ein Problem, das „Double-Spending" genannt wird.[7] Da Transaktionen von den unterschiedlichen Knoten-punkten weitergegeben werden, ist es möglich, dass die Reihenfolge der ankommenden Transaktionen bei einem Empfänger nicht zwangsläufig der Reihenfolge der Initiierung derselben darstellt. Hierdurch bedingt könnte der Fall entstehen, in dem eine spätere Transaktion vor einer zuvor getätigten empfangen wird und als scheinbar valide ange-nommen, obwohl der Initiator den Wert schon zwischenzeitlich an eine dritte Person ver-sendet hat. Die Werte dieser Transaktion könnten aber bereits in einer zuvor getätigten abgeflossen sein. Auf Grund fehlender Intermediäre gibt es keine zentrale Kontrollinstanz die dies verhindern würde, die Integrität der Transaktionen muss daher auf anderem Wege gewährleistet werden.[8] Alle Teilnehmer müssen zu einem gemeinsamen Konsens kom-men, der durch technische Verfahren wie Mehrheitsbestätigungen gewährleistet wird, wie im folgenden Abschnitt beispielhaft für das Bitcoin Blockchain Protokoll beschrieben wird, das als erste dezentrale Digitalwährung das Double Spending Problem gelöst hat.[9]

2.3. Konsens durch Proof-of-work

Der dem Bitcoin zugrundeliegende und daher weit verbreitete Konsens Algorithmus ist der Proof-of-work (POW). Die Teilnehmer konkurrieren darum, der Kette neue Blöcke anfügen zu können. Nicht jede einzelne Transaktion bildet einen Block: Neue Transakti-onen werden zunächst zwischengespeichert, bevor sie dann einem Block hinzugefügt werden können um dann per Konsens an die Kette angehängt zu werden.[10] Im ursprüng-lichen Bitcoin Whitepaper wurde der POW Prozess vereinfacht wie folgt dargestellt:

Alle Teilnehmer erhalten neue Transkationen, die diese dann in einem neuen Block sam-meln. Daraufhin versucht jeder Knoten die im Proof-of-work Algorithmus definierte Auf-gabe für seinen Block zu lösen. Diese stellt sich als ein mathematisches Rätsel dar, das durch die Veränderung eines Parameters, der sog. Nonce für den Block so lange per Brute

---

[7] Vgl. Androulaki, E., Karame, G., Bitcoin Security, 2016, S. 60.
[8] Vgl. König, A., A Beginner's Guide to Blockchain, 2016, S. 108f.
[9] Vgl. Allen, P. et al., Blockchain: A Practical Guide, 2018, S. 15.
[10] Vgl. Roßbach, P., Blockchain-Technologien, 2016, S. 7.

Force getestet wird, bis der richtige Hash Wertebereich erreicht wird und somit der passende Wert für die Nonce gefunden wird. Sobald diese Berechnung von einem Teilnehmer fertiggestellt wurde, wird sie an alle Teilnehmer geschickt. Wird der Block durch die Überprüfung der anderen Teilnehmer als valide akzeptiert, so verwenden diese Teilnehmer die digitale Signatur dieses Blocks, um ihn im nächsten Block eindeutig als vorangegangenen zu identifizieren.[11] Er gilt als akzeptiert und dient zur Weiterführung des Blockchainsystems.[12] Der Prozess der Berechnung eines Knotens ist kosten- und rechenintensiv, die Überprüfung durch andere Knoten jedoch vergleichsweise einfach. In Anlehnung an den Bergbau wird die Berechnung auch als „Mining" bezeichnet, da durch eine erfolgreiche Berechnung und Ankettung eines Blocks neue Anteile der Kryptowährung (vorausgesetzt es handelt sich um eine Blockchain, die für eine Kryptowährung genutzt wird) kreiert und dem „Miner" zugeschrieben werden. Alle Teilnehmer haben durch POW zu einem Zeitpunkt immer den gleichen Wissensstand, ohne dass ein Intermediär erforderlich wäre. Ist ein Konsens erreicht, wird durch die Blockbildung die Abfolge der Transaktionen als valide angesehen und irreversibel in die Kette aufgenommen. Eine Transaktion kann dann nicht mehr rückgängig gemacht werden.[13] Auch wenn sich per zufälliger gleichzeitiger Berechnung die Blockchain durchaus gabeln kann, stabilisiert sie sich im Verlauf der Zeit, nachdem die längste Kette (die die meiste Rechenleistung beinhaltet) als valide angenommen wird. So ist es Teilnehmern auch möglich das Netzwerk zwischenzeitlich zu verlassen oder neu beizutreten.[14]

2.4. Kryptografische Verfahren

Um Transaktionen zu autorisieren und Manipulation auszuschließen, bedienen sich Blockchain Protokolle kryptografischer Methoden, worin auch der Name „Kryptowährungen" begründet liegt. Zur Eigentumssicherung und damit nur berechtigte Nutzer Transaktionen durchführen können, wird bei der Blockchain asymmetrische Kryptografie (Public-Key Verfahren) angewandt. Im Gegensatz zur symmetrischen Kryptografie werden hier Schlüsselpaare eingesetzt, d.h. zur Verschlüsselung wird ein anderer Schlüssel verwendet als zu Entschlüsselung. Jeder Teilnehmer erhält einen aus einer Zufallszahl

---

[11] Vgl. Nakamoto, S., Bitcoin Whitepaper, 2008, S. 3.
[12] Vgl. Bonneau, J. et al., Cryptocurrencies Technologies, 2016, S. 57.
[13] Vgl. Sixt, E., Dezentrale Transaktionssysteme, 2017, S. 31f.
[14] Vgl. Nakamoto, S., Bitcoin Whitepaper, 2008, S. 1.

generierten privaten Schlüssel, der diskret behandelt werden muss. Aus diesem wird der öffentliche Schlüssel abgeleitet, der für jeden anderen Teilnehmer erkennbar ist. Der Algorithmus ist so ausgelegt, dass es nicht möglich ist, den privaten Schlüssel aus dem öffentlichen Schlüssel zu errechnen.[15] Soll nun eine Transaktion zwischen zwei Teilnehmern erfolgen, so verschlüsselt der Sender diese mit dem öffentlichen Schlüssel des Empfängers. Ein Entschlüsseln der Transaktion ist sodann lediglich mit dem privaten Schlüssel des Empfängers möglich. Der Sender hat somit die Vertraulichkeit der Daten hergestellt. (Vgl. Abb. 2). Bei Kryptowährungen wird für die Autorisierung einer Transaktion der Private-Key des Wallets benötigt, aus dem Geldmittel entnommen werden sollen.[16]

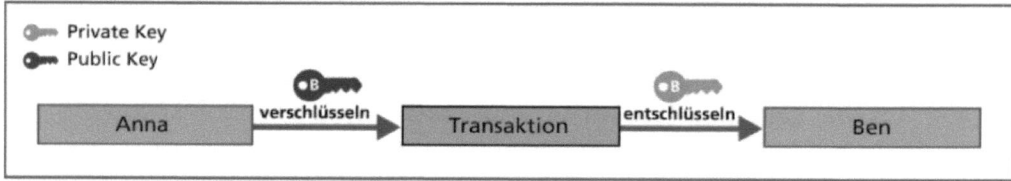

Abb. 2: Ver- und Entschlüsselung (Public to Private Anwendung)
Quelle: Egloff, P., Turnes, E., Blockchain für die Praxis, 2019, S. 43.

Um sicherzustellen, dass die Transaktion auch tatsächlich vom angegebenen Sender kommt, kann der Sender diese zusätzlich mit seinem privaten Schlüssel signieren. Die digitale Signatur ist eine Verschlüsselung des Hash Wertes, also einer Prüfsumme der Transaktion mit dem privaten Schlüssel des Senders. Der Empfänger kann diese mit dem öffentlichen Schlüssel entschlüsseln und seinerseits selbst den Hash Wert der Transaktion bilden und vergleichen. So kann dieser prüfen ob die Transaktion vom erwarteten Sender stammt (Verbindlichkeit), da eine Entschlüsselung sonst nicht möglich wäre und ferner

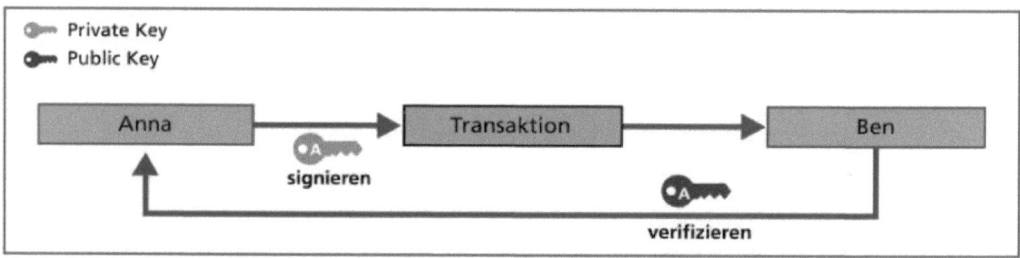

Abb. 3: Signieren und Verifizieren (Private to Public Anwendung)
Quelle: Egloff, P., Turnes, E., Blockchain für die Praxis, 2019, S. 43.

---

[15] Vgl. Hein, Ca., Wellbrock, W., Hein, Ch., Rechtliche Herausforderungen von Blockchainanwendungen, 2019, S. 8.
[16] Vgl. Meyer, A., Softwareentwicklung, 2018, S. 207f.

die Integrität der Daten feststellen.[17] Zur besseren Veranschaulichung werden die Vorgänge in Abb. 3 vereinfacht grafisch dargestellt.

Kryptografische Verfahren finden noch an weiteren Stellen der Blockchain Verwendung. Die Blockchain ist vor rückwirkender Manipulation geschützt, indem Transaktionen blockweise miteinander verknüpft werden und jeder neue Block mittels einer Hash Signatur und eines Zeitstempels eindeutig mit dem vorhergehenden Block verbunden ist. Würde ein Block innerhalb der Kette manipuliert werden, so würde die gesamte folgende Kette inkonsistent und müsste sogleich manipuliert werden. Ferner müsste die Manipulation vor der nächsten Aktualisierung durch einen neuen Block und auf der Mehrheit der Knoten passieren. Durch die hierfür erforderliche exorbitante Rechenleistung und die Eigenschaften der Konsensverfahren lässt sich die Blockchain als sehr gut geschützt gegen jegliche Manipulationen konstatieren.[18]

---

[17] Vgl. Egloff, P., Turnes, E., Blockchain für die Praxis, 2019, S. 41 ff.
[18] Vgl. Roßbach, P., Blockchain-Technologien, 2016, S. 8.

3. Anwendung und disruptives Potential

3.1. Anwendungsmöglichkeiten der Blockchain

Im Rahmen der Digitalisierung und Industrie 4.0 spielt der Begriff der Blockchain eine wichtiger werdende Rolle in verschiedenen Anwendungsbereichen. In der öffentlichen Diskussion wird Blockchain und Bitcoin oftmals Synonym verwendet, so dass in der Wahrnehmung die Blockchain Technologie noch immer an Kryptowährungen wie den Bitcoin gebunden ist. Dies stellt allerdings lediglich einen möglichen Anwendungsbereich dieser Technologie dar. Vielmehr kann die Blockchain Technologie bereits heute in wesentlichen Anwendungsfeldern Einzug finden, um beispielsweise Prozesse zu digitalisieren und zu vereinfachen, oder sogar neue Geschäftsmodelle zu ergründen. Im Mittelpunkt steht dabei im wesentlichen Maße die dezentrale bzw. verteilte Form des Transaktionssystems, das die Blockchain innehat.[19] Im Folgenden soll kurz auf die Entstehung der Blockchain Technologie in Rahmen von Kryptowährungen eingegangen werden, bevor alsdann andere Anwendungsfelder erläutert werden.

3.1.1. Entwicklung der Kryptowährungen

Kryptowährungen werden in der Literatur als digitale Währungen bezeichnet, die auf Grundlage kryptografischer Verfahren geschöpft werden. Gleichzeitig sind sie auch virtuelle Währung, da sie im Internet handelbar sind und dort die Funktionen des Geldes übernehmen, also als Zahlungsmittel für Produkte und Dienstleistungen genutzt werden können, nicht jedoch als gesetzliches Zahlungsmittel akzeptiert sind. Emittiert werden sie demnach nicht von Finanzdienstleistern, sondern durch private Hand und stellen somit eine nicht regulierte Form des Geldes dar.[20]

Bitcoin stellt noch heute die bekannteste Kryptowährung dar. Im Bitcoin Whitepaper wird sie als alternatives Zahlungsmittel vorgestellt, das Geld und Zahlungen dezentralisiert.[21] Ursprünglich hierfür konzipiert, hat sich die Blockchain allein im Bereich der Kryp-

---

[19] Vgl. Egloff, P., Turnes, E., Blockchain für die Praxis, 2019, S. 16ff.
[20] Vgl. Schirmer, S., Kryptowährungen, 2015, S. 4., Pielke, W., Besteuerung von Kryptowährungen, 2018, S. 2ff.
[21] Vgl. Nakamoto, S., Bitcoin Whitepaper, 2008, S. 1ff.

towährungen seither signifikant entwickelt, so dass mittlerweile circa 2000 unterschied-liche Kryptowährungen existieren.[22] Neben der reinen „Currency" Verwendung als Zah-lungsmittel, wie beispielsweise Bitcoin, Litecoin, Monero, wurden durch eine Weiterent-wicklung der Blockchain Technologie noch weitere Anwendungsmöglichkeiten geschaf-fen. Durch die als Blockchain 2.0 bezeichnete, 2014 eingeführte Funktion, Blockchain Transaktionen Notizen anzuhängen, die ebenfalls in die Blockchain übernommen wer-den, ergibt sich die Möglichkeit, die jeweilige Kryptowährung als Transportwährung für andere Güter zu nutzen. Im zeitlichen Verlauf wurden zahlreiche neue Währungen veröf-fentlicht, die teilweise auf der Bitcoin Blockchain basieren, teilweise jedoch auch eigens entwickelte Blockchain Technologien nutzen.[23] Diese, in ihren Hauptanwendungsmerk-malen unterschiedlichen Kryptowährungen, lassen sich gem. Euro Banking Association in folgende Gruppen einteilen:

1. Currencies: Primär zahlungsmittelfokussierte Währungen wie Bitcoin.

2. Asset Registry: Güter können in einer öffentlichen Blockchain registriert werden. Hierzu werden Kleinstbeträge der jeweiligen Kryptowährung transferiert und die angehängte Notiz als Referenz für das registrierte Gut genutzt. Der Besitzer des privaten Schlüssels der Währungseinheit gilt als Eigentümer des Gutes. So lassen sich dezentral und kostengünstig Eigentumsregistrierungen realisieren. Beispiele sind Mastercoin und Counterparty.

3. Asset Centric: Diese Währungen ergänzen die rein digitalen Werte der Currencies durch die Deckung mit real existierenden Gütern. Die Währung soll entspre-chende Güter wie Rohstoffe, Anleihen etc. abbilden und den Handel mit diesen vereinfachen. Beispiele hierfür sind u.a. Ripple oder Stellar.

4. Application Stack: Hier wird Blockchain Technologie genutzt, um komplexe Dienste und Programme auf ihrer Grundlage zu entwickeln. Es ergeben sich zahl-reiche Anwendungsbereiche, die mit Cloud-Diensten vergleichbar sind. Diese sollen im nächsten Kapitel näher beschrieben werden. Ethereum ist ein bekanntes Beispiel dieser Kategorie. [24]

---

[22] Vgl. Helbig, J., Kryptoinvestor, 2019, S. 76f.
[23] Vgl. Swan, M., Blockchain, 2015, S. 9.
[24] Vgl. Euro Banking Association, Cryptotechnologies, 2015, S. 6ff.

3.1.2. Smart Contracts

Ein wesentliches Potential der Blockchain Technologie stellt die Realisierung von Smart Contracts dar. Der Begriff Smart Contract wurde bereits in den 1990er Jahren vom Kryptografie Wissenschaftler Nick Szabo verwendet und definierte einen Smart Contract als eine Reihe von Zusagen inklusive Protokollen in digitaler Form, die die Übereinkommenden an entsprechende Konsequenzen bindet.[25] Der Smart Contract hat sich seither entwickelt und insbesondere durch die Einführung der Blockchain sehr konkrete Ausgestaltungsformen angenommen. Diesem Sinne folgend ist der Smart Contract eine im Rahmen des Application Stacks vertragliche, selbstregulierende Übereinkunft mehrerer Parteien, die in die Blockchain digital integriert wird und einer Wenn-Dann-Logik folgt. Insbesondere durch das Ethereum Projekt lassen sich solche digitalen, dezentralen Vertrauensstrukturen aufbauen. Die Blockchain des Ethereum Projektes ist die nach Bitcoin meist verbreitete Blockchain und beinhaltet eine Programmiersprache die es ermöglicht, Smart Contracts und dezentrale Applikationen, sog. Dapps zu erstellen. Mit ihnen lassen sich beliebige Funktionalitäten, Transaktionsformate sowie Regeln schreiben.[26] Die technischen Rahmenbedingungen des zugrundeliegenden Blockchain Protokolls überwachen und setzen den Vertrag automatisiert durch, ohne dass hierfür eine zentrale Instanz oder ein Intermediär notwendig ist. Die Blockchain löst bei Erfüllung der vertraglich festgehaltenen Bedingungen die Ausführung des im Smart Contracts beinhalteten Programmcodes aus. Ist ein Vertrag in die Blockchain integriert, so kann sein Inhalt nicht mehr verändert werden und ist für die beteiligten Parteien transparent. Aus diesem Grund entfällt die Notwendigkeit, das Vertrauen durch einen zwischengeschalteten Intermediär aufzubauen.[27] Die Blockchain erfüllt folglich eine Treuhänderfunktion, jedoch mit sehr geringen Transaktionskosten und nahezu in Echtzeit.[28] Inhalte und Bedingungen eines Smart Contracts sind im Maschinencode in der Blockchain integriert und lösen bei Erfüllung einer vorherbestimmten Bedingung ein vorprogrammiertes Ergebnis aus. Dies kreiert den Vorteil, dass ihre Klauseln, im Gegensatz zu herkömmlichen Verträgen, keinen semantischen Spielraum innehaben und immer das gleiche Ergebnis auslösen.[29] Durch

---

[25] Vgl. Antonopoulos, M., Wood, G., Mastering Ethereum, 2019, S. 127.
[26] Vgl. Gayvoronskaya, T., Meinel, C., Schnjakin, M., Blockchain: Hype, 2018, S. 64.
[27] Vgl. Sauerland, A., Möglichkeiten der Blockchain Technologie, 2017, S. 109ff.
[28] Vgl. Bheemaiah, K., Block Chain 2.0, 2015, o.S.
[29] Vgl. Tobias, J., Blockchain Technologie in der Finanzbranche, 2016, S. 37., Corrales, M. et al., Smart Contracts, 2019, S. 8f.

Smart Contracts wird die Vertragssicherheit durch die Abwesenheit des Erfüllungsrisikos erhöht und eine deutliche Reduktion der Transaktionskosten ermöglicht. Durch den Einsatz der Blockchain Technologie entstehen somit Potentiale neuer Tragweite.

3.2. Distributed Ledgers als Grundlage des disruptiven Potentials

Wie in Kapitel 2.1 erläutert, beruht das disruptive Potential der Blockchain Technologie, sei es im Rahmen der Currencies, also als alternatives Geldmittel, als auch im Rahmen des Application Stacks mittels Smart Contracts, signifikant auf der Dezentralisierung der Datenbank und der Abwicklung der Transaktionen P2P unter Wegfall der Notwendigkeit einer intermediären Stelle zur Realisierung von Dienstleistungen, Regulierung oder der Schaffung des Vertrauens zwischen den Vertragspartnern. Das Distributed Ledgers Konzept, das auf der Dezentralisierung und Redundanz der Daten beruht, schafft ein disruptives Potenzial, welches im Folgenden beispielhaft für den Finanzsektor dargestellt werden soll.[30]

3.2.1. Disruptives Potential der Blockchain im Finanzsektor

Aus verschiedenen Gründen soll im Folgenden der Finanzsektor als Beispiel für die Potentiale und potentiell drohende Disruption durch die Blockchain Technologie dienen. Die zentrale Innovation der Distributed Ledgers Technologie der Blockchain besteht im Finanzsektor, wie in vorhergehenden Kapitelm beschrieben, durch das Ermöglichen von Zahlungen ohne Intermediär. Bislang wurden diese Intermediäre durch Banken, Zahlungsdienstleister oder zentrale Zahlungssysteme repräsentiert, die bei Geldtransfers für die nötige Sicherheit und das Vertrauen zwischen den Vertragsparteien sorgten. In den vorherigen Ausführungen wird bereits deutlich, dass diese Funktion einer disruptiven Entwicklung erliegen kann, da Blockchain Intermediäre irrelevant macht und Transaktionskosten minimiert.[31]

Die Betrachtung der Finanzbrache ist indes deshalb so interessant, da die Blockchain die erste Technologie darstellt, die alle Kerngeschäftsprozesse der Bank durchdringt und das Potential hat, sie, zumindest partiell, überflüssig zu machen. Vorherige Megatrends tan-

---

[30] Vgl. Oppitz, M., Tomsu, P., Cloud Century, 2018, S. 561.
[31] Vgl. Grassegger, H., Der digitale Lenin, 2015, o.S.

gierten derweil fortwährend nur Teile des Geschäftsmodells, nicht aber die gesamte Wertschöpfungskette.[32] Somit ergeben sich Risiken für das Geschäftsmodell des Finanzsektors, es entstehen aber auch Chancen, die Banken und Finanzdienstleister nutzen können, wenn sie denn die Einsatzmöglichkeiten und das Potential dieser neuen Technologie anzuwenden vermögen.

Die Einführung des SEPA-Verfahrens im Euro Raum hat den Zahlungsverkehr zwar einheitlich strukturiert, Transaktionen wie eine SEPA-Überweisung werden jedoch noch immer in der Regel erst am nächsten Werktag valutiert. Eine Blockchain Anwendung im Zahlungsverkehr innerhalb eines P2P-Netzwerks kann solche Transaktionen in nahezu Echtzeit, mindestens jedoch innerhalb weniger Minuten (je nach Blockchain Protokoll und Dauer der Blockbildung) abwickeln. Nicht allein die Transaktionsgeschwindigkeit spielt bei der Betrachtung jedoch eine Rolle. Eine essentielle Funktion der Banken als Intermediär stellt die Gewährleistung von Sicherheit, eine klare Rechtslage und die Identifizierung der Geschäftspartner, auch bspw. zu steuerrechtlichen Zwecken dar. Reine Currency Währungen wie Bitcoin sind daher für einen solchen Einsatz zwecks Anonymität bzw. Pseudonymität der Teilnehmer wenig geeignet und öffnen illegalen Aktivitäten wie Geldwäsche und Steuerhinterziehung Tür und Tor. Als Alternative ließen sich in diesem Bereich geschlossene DLT anwenden, da diese über ein Proof-of-Identity Verfahren ihre Nutzer identifizierbar machen. Sollte es zu missbräuchlicher Verwendung kommen, wären Nutzer, wie auch bei einer Bank, identifizierbar und für Fahndungsbehörden greifbar.[33]

Ähnliches gilt für den Wertpapierhandel, bei dem signifikante Effizienzsteigerungen durch den Einsatz von Blockchain realisierbar sind. Insbesondere hinsichtlich der Nachhandelsaktivitäten lassen sich Prozesse optimieren und neugestalten: Nach dem Kauf eines Wertpapiers bei einem Broker oder einer Bank, wird die Transaktion herkömmlich an eine Clearingstelle weitergeleitet, die mit dem Clearingprozess Forderungen und Verbindlichkeiten prüft, mit dem Ziel Zahlungs- und Lieferausfälle zu vermeiden. Daraufhin erfolgt das Settlement, bei dem die Zahlung an den Verkäufer und die Übertragung des Wertpapiers an den Käufer erfolgt. Dieser Prozess dauert in der Regel zwei Werktage. Durch Nutzung der Blockchain Technologie ließen sich in diesem Prozess das Clearing

---

[32] Vgl. Reuse, S., Auswirkungen der Blockchain, 2019, S. 51.
[33] Vgl. Kastrati, G., Weissbart, C., Blockchain: Potentiale und Herausforderungen, 2016, S. 74.

sowie das Settlement zusammenfassend in der Blockchain durchführen und dies in nahezu Echtzeit und unter Wegfall der Gebühren der Intermediäre. Durch die Einbindung von Smart Contracts könnten nach erfolgtem Aktienkauf eventuelle Dividendenzahlungen direkt an den Shareholder abgeführt werden und eine direkte Abgeltung der Steuer gemäß des individuellen Steuersatzes ausgelöst werden, ohne dass ein Intermediär dies veranlassen müsste.[34]

3.2.2. Chancen des Finanzsektors durch Nutzung von Blockchain

Die Ausführungen des vorherigen Abschnittes machen deutlich, dass Banken und Finanzdienstleiter vor einer essentiellen Entscheidung stehen. Sie können die Blockchain Technologie bekämpfen und an traditionellen Geschäftsprozessen festhalten, was den Trend einer Verdrängung vom Markt verstärken könnte, oder sie können sich mit den technischen Möglichkeiten befassen und diese frühzeitig in ihrer strategischen Ausrichtung verankern. Banken müssten ihre IT-Architektur auf die neuen Anforderungen ausrichten um Potentiale ihrerseits nutzen und anwenden zu können. Indem sie sich strukturell verändern und Geschäftsprozesse digitalisieren, können Banken und Finanzdienstleister sich die Blockchain-Technologie zunutze machen um ihre Kosten zu senken, von den Vorteilen der Smart Contracts im Rahmen einer Geschäftsprozessoptimierung intern zu profitieren, operative Risiken zu senken und weitere Innovationen besser zu adaptieren.[35] Dass die größten Banken diesen Trend bereits erkannt haben und aus der Sorge um ihre Geschäftsmodelle bereits Interesse an einer ihrerseits gewinnbringenden Nutzung der Blockchain zeigen, verdeutlichen zahlreiche Projekte, die eine Nutzung der Blockchain durch Banken eruieren sollen. So hat allein die Deutsche Bank bereits in mehreren Projekten erforscht, wie sich Blockchain in den Bereichen Legitimation, Interbanken-Kontoführung, Interbanken-Zahlungsverkehr und Trade Finance einsetzen lässt.[36]

Dass die Blockchain Technologie von Banken weniger als Gefahr, sondern als Chance verstanden werden muss, zeigt das immense Potential ihrer Anwendungsvielfalt, sowohl extern, im Privat- und Firmenkundengeschäft, als auch im Interbankengeschäft und im Eigenhandel, sowie in der Anwendung in internen Geschäftsprozessen. Die nachfolgende

---

[34] Vgl. Brühl, V., Blockchain und Distributed Ledgers, 2017, S. 140f.
[35] Vgl. Euro Banking Association, Cryptotechnologies, 2015, S. 4.
[36] Vgl. Reuse, S., Auswirkungen der Blockchain, 2019, S. 58.

Grafik soll dem Leser eine Übersicht über die in einem Kreditinstitut möglichen strategischen Einsatzgebiete der Technologie zur besseren Übersicht darstellen.

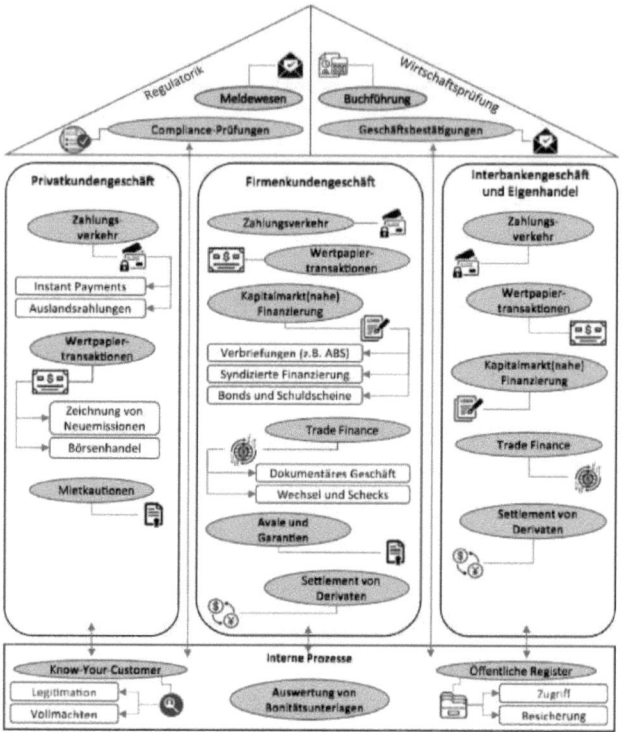

Abb. 4: Strategische Einsatzgebiete der Blockchain in einem Kreditinstitut

Quelle: Reuse, S., Auswirkungen der Blockchain, 2019, S. 55.

Natürlich ergeben sich in der Anwendung der Blockchain auch Risiken für Unternehmen. Die Blockchain muss sich technisch und rechtlich noch einigen Herausforderungen stellen, bevor sie flächendeckend eingesetzt werden kann. Die globale Reichweite kann zu rechtlichen Konflikten auf internationaler sowie nationaler Gesetzgebungsebene, sowie Interessenskonflikten führen. Ferner ist die Skalierbarkeit der Blockchain auch aufgrund der rechenintensiven Architektur ein Problem, dem entsprechend begegnet werden muss.

Zwar gilt die Blockchain stand heute als gut gegen Manipulation geschützt, es muss sich in Zukunft jedoch zeigen, in wie fern sie künftigen Sicherheitsherausforderungen entsprechen kann.[37]

---

[37] Vgl. Bolesch, L., Mitschele, A., Potentiale der Blockchain Technologie, 2016, S. 38f.

4. Fazit

4.1. Zusammenfassung der Ergebnisse

Die vorliegende Arbeit hat die Blockchain Technologie erläutert und ihr disruptives potential sowie Chancen und Risiken, die sich aus ihrer Verwendung insbesondere im Finanzsektor ergeben beleuchtet. Dabei wurde deutlich, dass die Technologie das Potential hat, die gesamten Geschäftsprozesse eines Finanzdienstleisters mindestens zu tangieren, zu verändern und sogar zu einer disruptiven Verdrängung bestimmter Dienstleistungen zu führen. Durch die dezentrale Speicherung und die P2P Architektur wird der Nutzen und die Notwendigkeit von Intermediären reduziert bzw. eliminiert. Für Finanzdienstleister ergeben sich, bei frühzeitiger strategischer Anpassung, allerdings auch nicht unwesentliche Chancen durch Zeit- und Kostenersparnisse durch einen hohen Grad an Automatisierung und der Effizienzsteigerung ihrer Geschäftsprozesse. Dem gegenüber stehen Risiken, die sorgfältig abgewogen werden müssen wie der Datenschutz durch den Einsatz verteilter Datenbanksysteme, oder insbesondere rechtliche Risiken z.B. beim Einsatz von Smart Contracts.

4.2. Kritische Würdigung und Ausblick

In der Vergangenheit haben bereits mehrmals Megatrends die vermeintliche Disruption der Banken eingeleitet, wie das Online-Banking oder das Aufkommen der Direktbanken. Trotzdem haben klassische Finanzinstitute noch immer ihre Daseinsberechtigung nicht verloren, obschon sie Marktanteile einbüßen mussten. Ähnlich ist die Blockchain Technologie zu würdigen. Zwar hat diese Technologie ein disruptives Potential inne, das scheinbar viele Transaktionen und Prozesse ohne einen Intermediär abwickeln kann, und das in einem Bruchteil der Zeit. Jedoch sollten rechtliche Herausforderungen nicht außer Acht gelassen werden. Ebenso haben mindestens die Global Player der Finanzbranche das Potential dieser Technologie ihrerseits bereits erkannt und ihre strategische Ausrichtung entsprechend angepasst. Eine direkte Disruption ist daher in naher Zukunft nicht zu erwarten, vielmehr jedoch eine Symbiose aus herkömmlichen Prozessen und Blockchaingestützer Verarbeitung.

Anmerkung der Redaktion: vergrößerte Darstellung der Abb. 4: Strategische Einsatzgebiete der Blockchain in einem Kreditinstitut

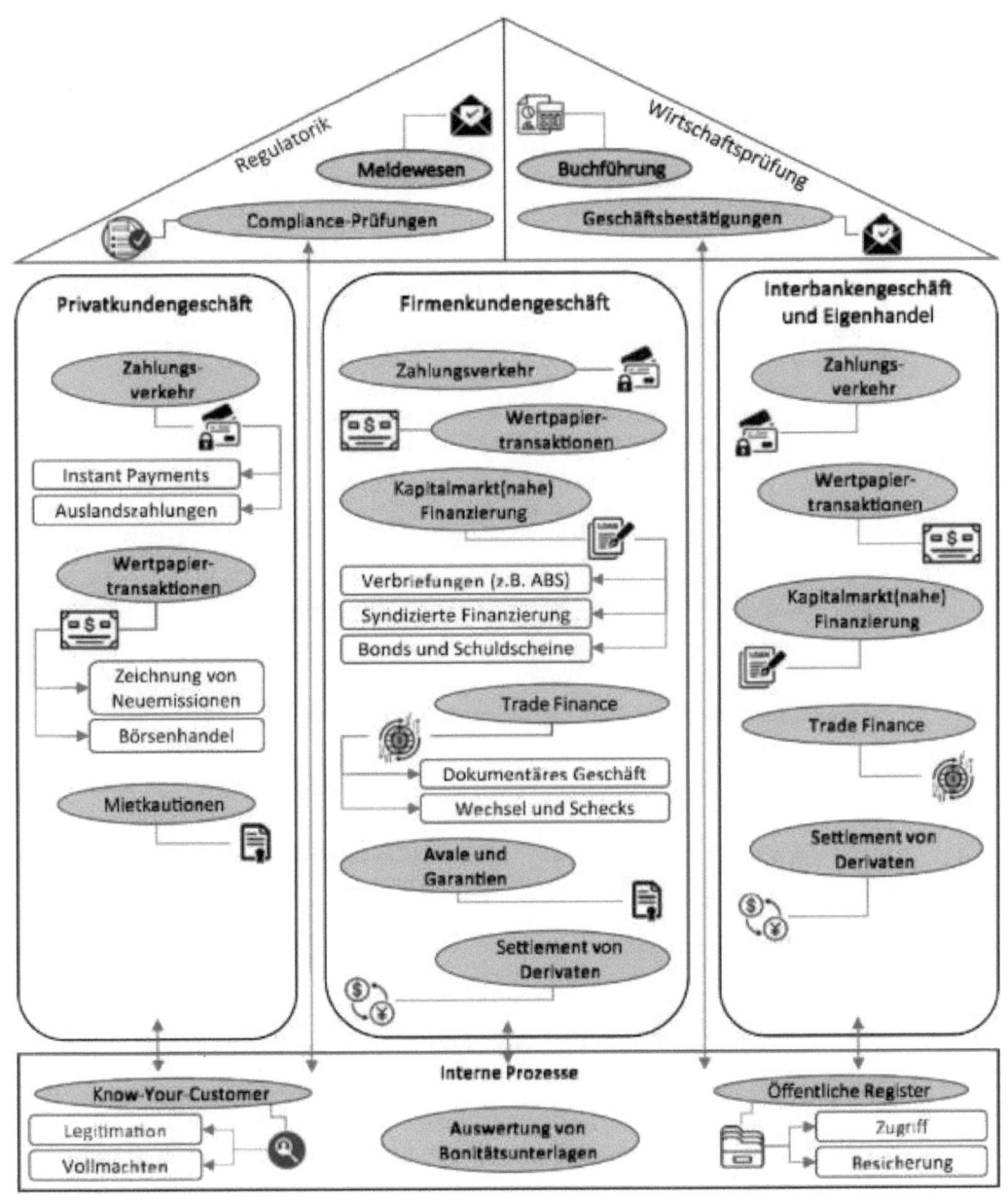

Literaturverzeichnis

Allen, P., Bambara, J., Iyer, K., Lederer, S., Madsen, R., Wuehler, M. (Blockchain: A Practical Guide, 2018): Blockchain: A Practical Guide to Developing Business, Law, and Technology Solutions, New York City 2018

Androulaki, E., Karame, G. (Bitcoin Security, 2016): Bitcoin Security and Blockchain Security, Norwood 2016

Andelfinger, V., Hänisch, T. (Internet der Dinge, 2015): Internet der Dinge – Technik, Trends und Geschäftsmodelle, Wiesbaden 2015

Antonopoulos, M., Wood, G. (Mastering Ethereum, 2019): Mastering Ethereum – Building smart contracts and DAPPS, Sebastopol 2019

Baran, P. (Distributed Communication Networks, 1964): On distributed communications: Introduction to distributed communication networks, Santa Monica 1964

Bolesch, L., Mitschele, A. (Potentiale der Blockchain Technologie, 2016): Revolution oder Evolution? Funktionsweise, Herausforderungen und Potentiale der Blockchain-Technologie, in: Fritz Knapp Verlag (Hrsg), Kreditwesen 22/2016, Frankfurt am Main 2016

Bonneua, J., Felten, E. Goldfender, S., Miller, A., Narayanan, A., (Cryptocurrencies Technologies, 2016): Bitcoin and Cryptocurrencies Technologies, Princeton 2016

Brühl, V. (Blockchain und Distributed Ledgers, 2017): Bitcoins, Blockchain und Distributed Ledgers, in: Wirtschaftsdienst 02/2017, Wiesbaden 2017

Corrales, M., Fenwick, M., Haapio, H. (Smart Contracts, 2019): Legal Tech, Smart Contract and Blockchain, Singapore 2019

Egloff, P., Turnes, E. (Blockchain für die Praxis, 2019): Blockchain für die Praxis, Zürich 2019

Gayvoronskaya, T., Meinel, C., Schnjakin, M., (Blockchain: Hype, 2018): Blockchain: Hype oder Innovation, Potsdam 2018

Hein, Ca., Wellbrock, W., Hein, Ch. (Rechtliche Herausforderungen von Blockchainanwendungen, 2019): Rechtliche Herausforderungen von Blockchainanwendungen, Wiesbaden 2019

Helbig, J. (Kryptoinvestor, 2019): Mit Blockchain zum Kryptoinvestor, 2. Aufl., Düsseldorf 2019

König, A. (A Beginner's Guide to Blockchain, 2016): A Beginner's Guide to Blockchain and Austrian Economics, 1. Aufl., München 2016

Meyer, A. (Softwareentwicklung, 2018): Softwareentwicklung – Ein Kompass für die Praxis, Berlin 2018

Oppitz, M., Tomsu, P. (Cloud Century, 2018): Inventing the Cloud Century, Cham 2018

Pielke, W., (Besteuerung von Kryptowährungen, 2018): Besteuerung von Kryptowährungen – Ein Überblick über die verschiedenen Steuerarten, Wiesbaden 2018

Reuse, S., (Auswirkungen der Blockchain, 2019): Auswirkungen der Blockchain-Technologie, Wiesbaden 2019

Rosenberger, P. (Bitcoin und Blockchain, 2018): Bitcoin und Blockchain – Vom Scheitern einer Ideologie und dem Erfolg einer revolutionären Technik, Berlin 2018

Roßbach, P. (Blockchain-Technologien, 2016): Blockchain-Technologien und ihre Implikationen. Teil 1: Was verbirgt sich hinter der Blockchain-Technologie, in: Frankfurt School Blog, Frankfurt am Main, 2016

Schirmer, S. (Kryptowährungen, 2015): Kryptowährungen und deren Zukunftsaussichten, Hamburg 2015

Sixt, E. (Dezentrale Transaktionssysteme, 2017): Bitcoins und andere dezentrale Transaktionssysteme, Wiesbaden 2017

Swan, M. (Blockchain, 2015): Blockchain: Blueprint for a New Economy, Beijing 2015

Swanson, T. (Distributed Ledger Systems, 2015): Consensus-as-a-service: A brief report on the emergence of permissioned distributed ledger systems, Mountain View 2015

Wolters, U. (Digitale Disruption, 2016): Neuerfindung des Handels durch digitale Disruption, in: Gehrckens, M., Heinemann, G., Wolters, U. (Hrsg.): Digitale Transformation oder digitale Disruption im Handel, Wiesbaden 2016

Internetquellen

Bheemaiah, K. (Block Chain 2.0, 2015): Block Chain 2.0: The Renaissance of Money, in: WIRED Magazine, URL: https://www.wired.com/insights/2015/01/blockchain-2-0/, Abruf am 22.02.2019

Euro Banking Association, (Cryptotechnologies, 2015): Cryptotechnologies, a major IT innovation and catalyst for change, URL: https://www.abe-eba.eu/media/azure/production/1344/cryptotechnologies-a-major-it-innovation-and-catalyst-for-change.pdf, Abruf am 22.02.2019

Grassegger, H. (Der digitale Lenin, 2015): Der digitale Lenin hinter der Blockchain, URL: https://www.capital.de/wirtschaft-politik/der-digitale-lenin-hinter-der-blockchain?article_onepage=true, Abruf am 23.02.2019

Kastrati, G., Weissbart, C. (Blockchain: Potentiale und Herausforderungen, 2016): Kurz zum Klima: Blockchain – Potentiale und Herausforderungen für den Strommarkt, in: Im Blickpunkt 23/2016, URL: https://www.cesifo-group.de/DocDL/sd-2016-23-kastrati-weissbart-kzk-blockchain-2016-12-08.pdf, Abruf am 23.02.2019

Nakamoto, S. (Bitcoin Whitepaper, 2008): Bitcoin: A Peer-to-Peer Electronic Cash System, URL: https://bitcoin.org/bitcoin.pdf, Abruf am 21.02.2019

Sauerland, A. (Möglichkeiten der Blockchain Technologie, 2017): Möglichkeiten und Grenzen der neuen Blockchain Technologie, in: Finanzierung Leasing Factoring 03/2017, URL: http://www.axel-sauerland.de/FLF_2017_03.pdf, Abruf am 22.02.2019

Tobias, J. (Blockchain Technologie in der Finanzbranche, 2016): Blockchain in der Finanzbranche – eine disruptive Technologie?, in: Bank und Technik Heft 8/2016, URL: https://www.kreditwesen.de/bank-markt/themenschwerpunkte/aufsaetze/blockchain-finanzbranche-disruptive-technologie-id34209.html, Abruf am 22.02.2019